Irdis Tauer · tagträumend

Die Zeichnerin

Cathrin Salomon, geboren 1970 auf dem Weg von Weißwasser nach Bad Muskau, ist gelernte Friseurin und arbeitete u.a. im Brandenburger Theater. Aus ihrer Leidenschaft für das Zeichnen und Malen ergaben sich bisher mehrere Austellungen im Raum Brandenburg u.a. in Rathenow (»Satin und Soul«) und Minden (»Age of Aquaries«). Sie lebt in Brandenburg und hat eine Tochter.

Irdis Tauer

tagträumend

Gedankensplitter
Träume
Gedichte

mit Bildern
von

Cathrin Salomon

© 2002 Irdis Tauer
Zeichnungen: Cathrin Salomon
Satz und Layout: Buch & medi@ GmbH, München
Umschlaggestaltung: Kay Fretwurst
unter Verwendung eines Aquarells von Cathrin Salomon
Herstellung: Books on Demand GmbH, Norderstedt
Printed in Germany · ISBN 3-8311-3155-4

Mein Dank gilt meiner Mutter,
meinen Kindern Martin und Esther
meinen Freundinnen und Freunden,
insbesondere
Antje, Burkhard, Cathrin, Joachim, Karsta, Marion,
Monika, Pietro, Raoul, Rolf, Rosi, Thea
und den geschiedenen und getrennt lebenden Pfarrfrauen von
»Überleben und Leben«

Erkenntnis

zwischen uns
eine Mauer
aus Stahlbeton

wann hast du sie errichtet

ich versuche
mit einer Nagelfeile
sie einzureißen

auf der anderen Seite
höre ich dich
reden und lachen
doch du
hörst meine Schreie nicht

da begreife ich
und stürze
in die bodenlose Tiefe

Die Sümpfe der Traurigkeit

ich wate
durch die Sümpfe
der Traurigkeit
anfangs
glaubte ich
sie schnell
wieder hinter mir
aber
ich gerate
immer tiefer hinein
mein Rufen
bleibt
unbeantwortet
keine helfende Hand
die dunkle Tiefe
zieht an mir
wie lange
kann ich
Widerstand leisten
noch
bewege ich mich weiter
milli
meter
weise

In der Wüste

ich habe mir
das Bild
eines Kamels
über mein Bett gehängt
es soll
mein neues Wappentier sein
ich war so klug
wie ein Kamel
nun hoffe ich,
dass ich ähnlich
wie ein Kamel
allein in der Wüste
nicht umkomme
noch
trage ich
Wasservorräte,
aber der Weg ist endlos …

wann
werde ich
den Brunnen
des kleinen Prinzen
finden

niemand

niemand
der mich hört
nur ein Pentium
in dessen Festplatte
ich
meinen Schmerz
meißele

bei Bedarf
bitte löschen

dunkelheiten

die nacht
abgrundtief dunkel
wird sie heller
durch das wissen,
dass ein morgen
kommen wird

vielleicht
ist es nicht mehr
mein
morgen
doch die vögel
beginnen
ungerührt
zu singen

Schwester im Leid

ich sehe
deine Tränen
verstehe
jede einzelne
will dir Halt geben
wenn ich kann

vielleicht
kann die Blinde
die Lahme führen
wenn die Lahme
den Weg weiß

Kamele

Männer
sind Schweine
ich habe dir
zugestimmt
aber Frauen
sind Kamele

eigentlich sind Kamele
stolze und schöne Geschöpfe
sie vergessen es nur
ohne sie
würde die Karawane
die Wüste
nicht durchqueren können
bedächtig
setzen sie ihre Füße
in den glühendheißen Sand
behutsam
tragen sie ihre Lasten
geduldig
tragen sie ihr Leid
und doch
werden sie gedemütigt
geschlagen
getreten
wie wir Frauen

Märchenzeit

nicht einmal
mehr Mitleid
die menschlichste
aller Regungen
kein Trost
keine helfende Hand
kein warmes Wort
für jede andere
hättest du
Stunden an Zeit gehabt

erst jetzt
verstehe ich
das Märchen
vom Holländermichel

Der Tod der Nachtigall

du
rupfst
die Nachtigall
als du ihr
die Schwungfedern
ausgerissen hast
hat sie noch
laut
geschrieen
jetzt
bist du bei den Flaumfedern
sie kann
nur noch
leise wimmern
aber
es stört dich nicht
du trägst Kopfhörer

Spiegel

die Spiegel zugehängt

mein Gesicht
nicht mehr sehen
die Trauer
in den verquollenen Augen
die todtraurige Gestalt
soll ich sein

es wird wohl
so sein
aber
ich will
es wenigstens
nicht mehr
sehen müssen

Mord

es blieb beim Versuch

wenn ich es
nicht selbst gewesen wäre

ich würde
jetzt im Gefängnis sitzen

trotzdem
es
war
Mord

Psychosomatische Erkrankung

jetzt weiß ich,
was
dieses Wort
bedeutet

die Seele
streift einen Teil
meines Körpers
mit ihrem Flügel
er beginnt
zu schmerzen
die Tage
nur durchzustehen
mit handlichen kleinen Pillen
Gehhilfen
um wenigstens
schmerzfrei
zu überleben

Nur ein Traum

wir
sind auf der Landstraße
unterwegs
du steuerst das Auto
in einer Kurve
eine Unachtsamkeit
wir prallen frontal
auf einen Baum
du
verlässt den Wagen
relativ unverletzt
ich
hänge schwer verletzt
in den Gurten
du
öffnest meine Wagentür
und sagst
leider
kann ich
dir nicht helfen
denn ich
habe den Unfall verursacht
und nun
muss ich
meinen Weg weitergehen
ich habe
noch einen Termin

du drehst dich um
gehst
und ich
verblute lautlos

Bahnhof

du stehst im Zug
und winkst mir fröhlich zu
ab und zu
wendest du dich
nach innen
und sprichst
mit deiner neuen Begleiterin
ich will nicht
dass du fortfährst
verzweifelt
habe ich mich
an den Zug gehängt
um ihn aufzuhalten
fast
wäre ich
unter die Räder gekommen
nun sehe ich
dass ich nicht
gegen eine Lokomotive
kämpfen kann
weinend sitze ich
auf der grauen Bank
am Bahnsteig
doch dann
stehe ich schleppend auf
und gehe langsam
in die große Abfertigungshalle
dort ist Leben
und Betrieb
ich werde
auf der Abfahrtstafel nachsehen
vielleicht
fährt auch
für mich

irgendwann
ein Zug

Meine Kinder

ihr habt mir Halt gegeben
in der schweren Zeit
nicht immer
hat der Halt gereicht
doch ohne euch
hätte ich
nicht die Kraft gehabt
weiterzumachen
unser neues Leben
ohne Vater
wird nicht leicht sein
wir werden uns
auch streiten müssen
aufeinander wütend sein
aber
wir werden uns
wieder versöhnen
weil wir wissen
dass wir uns lieben
große Worte
im Alltag schwer zu leben
doch eines
kann ich euch
versprechen
Ehrlichkeit

Kleine Katze

auf leisen Pfoten
schleichst du
um mich herum
ob es wohl
eine Extraportion Futter gibt
schnurrend
schläfst du
neben mir ein
dein Vertrauen
gibt mir Mut
und deine kleine Katzenpersönlichkeit
erinnert mich
immer wieder
Kopf hoch
ich weiß
was ich will
komm mir jetzt
nicht zu nahe
das ist mein Revier
du darfst mich nur streicheln
wenn ich es will
so viel
kann man
von einer Katze
lernen

Vergeblicher Versuch
oder T 42.7

ich habe versucht
meine Liebe
zu vergiften
aber
sie wachte
mit mir
aus dem Tablettenschlaf auf

Anfang I

vorsichtige Schritte
auf dem Hochseil

die Balancierstange schwankt

Umkehr
unmöglich

hoffen
auf Windstille

das Ziel
im Nebel

unter mir
Abgründe
und kein Netz

wann
wirst du aufhören
das Seil
in Schwingung
zu bringen

Auf hoher See

kein Land in Sicht
fahre ich
schon lange
im Kreis
wie
soll ich
die Richtung bestimmen
den Kompaß
verloren
die Sonne
hinter Wolken
verborgen
der Sextant
unnütz
welche Strömung
treibt mich
welchem Wind
mich anvertrauen
Segel setzen
wohin

weise mir
Herr
Deinen Weg

Winter

die Tage
kürzer
die Nächte
dunkler
der Wind
kälter
der erste Schnee

die dunkle Jahreszeit
bricht an

manchmal
vergesse ich
den Frühling
am Ende des Winters

Nebel

schluckt
die Geräusche
verhüllt
die Bäume
kein Gegenüber
zu sehen

einsam
in der Stille
kein Laut
nur das Herz
schlägt angstvoll

Anfang II

Anfang
      schwer
Anfang
      so schwer
Anfang
      ist so schwer
Anfang

Teilung

nun wird geteilt
    Erinnerungen
    Möbel
    Finanzen

manches
bleibt mir allein
    Trauer
    Tränen
    Einsamkeit

Immer wieder

immer wieder
straucheln

immer wieder
hinfallen

immer wieder
aufstehen

immer wieder
Wunden auswaschen

immer wieder
weitergehen

langsam
gebückt
weinend
auf Krücken gestützt
voller Schmerzen
weitergehen

bis zum nächsten Straucheln

immer wieder

GAU

der
größte
anzunehmende
Unfall
unserer Beziehung
ist eingetreten

der Reaktor geborsten
tödliche Strahlung
tritt aus

ich habe
die Ruinen
mit Beton
übergossen

tonnenweise Beton
lagert nun
auf dem gefährdeten Gebiet

in weiten Kreisen
vermeide ich
die Gefahrenzone
in meinem Herzen

irgendwann
den Beton
aufbrechen

die darunter
liegenden Probleme
aufarbeiten

noch
fehlt mir
die Kraft

noch
ist verbergen
die einzig
mögliche Lösung
um zu überleben
aber
im Moment
richte ich
den Blick
auf den winzigen
Streifen Grün
am Rand
der Katastrophe
und sehe
mich
nicht
um

Was ihr getan habt

Was ihr getan habt einem
unter diesen meinen geringsten Brüdern
das habt ihr mir getan

ich war einsam
und ihr habt mich nicht wahrgenommen

ich war traurig
und ihr habt mich nicht getröstet

ich war verzweifelt
und ihr seid zur Tagesordnung übergegangen

ich war verwundet
und ihr habt Salz in meine Wunden gestreut

ich habe geweint
und ihr habt meine Tränen nicht getrocknet

ich war hungrig nach einem freundlichen Wort
und ihr habt mich verhungern lassen

ich war durstig nach einem liebevollen Blick
und ihr hattet nur Augen für Andere

was ihr nicht getan habt
einem unter diesen Geringsten
das habt ihr mir auch nicht getan

nach Matthäus 25.40

Woher

woher
nimmst du
immer wieder
das Salz
um es
in meine offenen Wunden
zu streuen

verloren
lachend
tagträumend
allein
einsam
ich

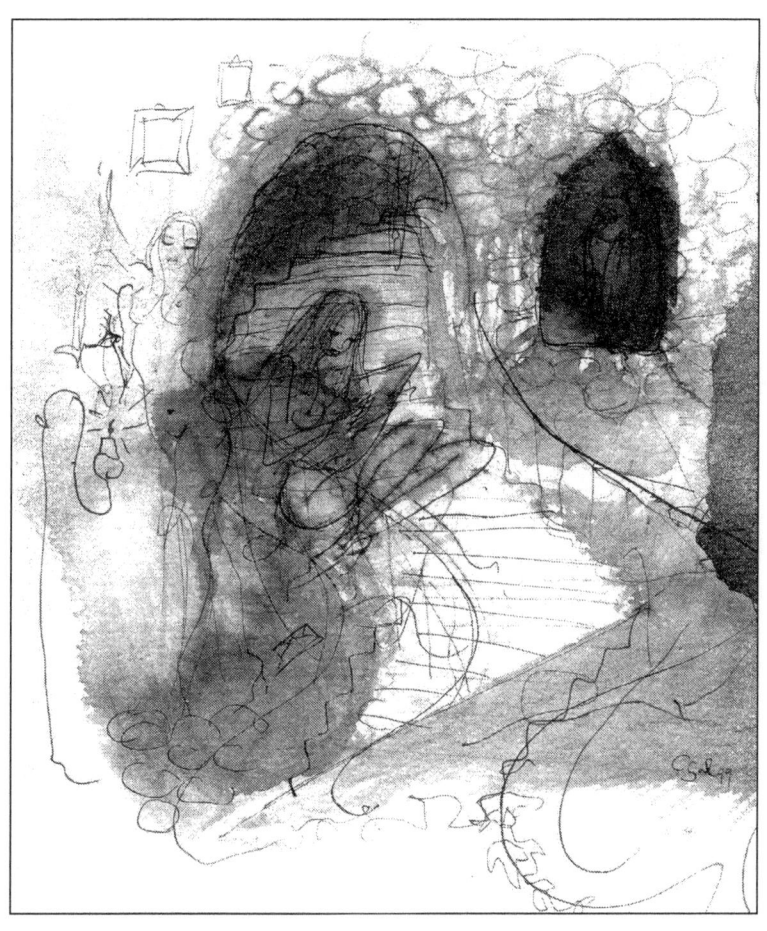

Chaostheorie

Wirbel
kommt leise
Wind
erhebt sich
Taumel
beginnt

Festgefügtes
zerbricht
Standhafte
straucheln
wirbelndes
Toben

Wind wird stark
sein Treiben erfaßt alles
wo
speit mich
der Taifun
an Land

vorsichtige Hoffnung

erstes Grün
im Frühling
ein Sonnenstrahl
nach langem Regen
ein warmer Wind
nach Eis und Schnee
ein freundlicher Blick
ein schnurrendes Kätzchen
eine zarte Berührung
ein schüchternes Lächeln

Oktober 1999

seit du fort bist
  habe ich neue Freunde gefunden
seit du fort bist
  habe ich die alten besser kennen gelernt
seit du fort bist
  kenne ich wieder meine Lieblingsfarbe
seit du fort bist
  hängen neue Bilder und Lampen im Haus
seit du fort bist
  tanze ich wieder
seit du fort bist
  lerne ich meinen Körper neu kennen
seit du fort bist
  werde ich auch mit Spinnen und Schaben fertig
seit du fort bist
  kann ich Schlösser auswechseln
seit du fort bist
  habe ich mir eine Bohrmaschine gekauft
seit du fort bist
  höre ich die Musik, die ich brauche
seit du fort bist
  schreibe ich meine Gedanken auf
seit du fort bist
  erlebe ich die erste Liebe unseres Sohnes
seit du fort bist
  bemerke ich wie unsere Tochter erwachsen wird

seit du fort bist
  ist vieles anders
  besser und schlechter
aber langsam sollte ich anfangen
  dir dankbar zu sein

Minka

kaum öffne ich die Badezimmertür
überfällst du mich
mit deinen kleinen Pfoten
versuchst du mich festzuhalten
ich kann nicht anders
als dich zu streicheln
und es stört dich überhaupt nicht
dass ich halbnackt und zitternd
im Flur hocke
du willst Zärtlichkeit
jetzt

Im Landeanflug

erst nichts als Nacht,
dann erste Lichter
perlenbestickter schwarzer Samt
formt sich zu Straßen, Plätzen
nähert sich
Häuser wie aus Alabaster
durchscheinend
Spielzeugautos in eifriger Geschäftigkeit
näherkommende Erde
– aufsetzen –
wieder Mensch sein
in Spielzeugautos steigend

Topkapi

die Baukunst der alten Meister bewundernd
stehen wir den Kopf im Nacken
unter der farbenprächtigen Kuppel
fremde Gesänge füllen die Seele

der Segen trifft uns unvermittelt

Zisterne

vorsichtig
die Stufen der feuchten Treppe hinabsteigend
öffnet sich uns das Gewölbe
auf vielen Säulen
ruht die tonnenschwere Last
zwischen den Säulen
Stege über dem Wasser
eine Melodie
schwebt durch das Dunkel

Medusa tut hier ihre Pflicht
hütet Wasser
für einen langen heißen Sommer

Wasser aus dem lichten Wald
in das dunkle Gewölbe geleitet
die Erinnerung an Sonne und Regen
Vogelgezwitscher und Mondlicht
trägt es noch in seinen Molekülen

Orient

enge Gassen
laut
überfüllt
Einladung zu Apfeltee
zum Schauen und Kaufen
langsames Vorwärtskommen
glitzernde Stoffe
unbeschreibliche Düfte
Musik wie aus tausendundeiner Nacht
ein Blick aus dunklen Augen
die Andeutung eines Lächelns
ersetzen die Sprache
alles anders
und doch vertraut

Frühling

der Blütenschnee
fällt sacht

die Tulpe spitzt
ihre Blätter
zum Kuß

wer zeigt das
schönste Gelb

der unterschied

vor drei Jahren
wollte ich nicht mehr leben
heute will ich
nicht mehr sterben

Sonnenbrand

heute hat mir die Sonne
Schwingen
auf den Rücken gebrannt
ob ich damit wohl
fliegen kann

Körperwelten

Ganzkörperplastinat
einer im 5. Monat
schwangeren Frau

ungeborenes Kind
im Leib deiner Mutter
präpariert
auch sie
nur noch
ein »Ganzkörperplastinat«
ausgesetzt
den Blicken der Menschen
interessierte Voyeure
doch wer fühlt
den Schmerz deines Vaters
der dich in Liebe zeugte
und nun die Liebste
und die Zukunft
auf einmal verlor
wer ahnt die Trauer
deiner Großeltern
die erste Klapper für dich
war schon gekauft
die großen
fragenden Augen
deiner Mutter
kein stilles Grab

Autogenes Training

mein Sonnengeflecht
ist nicht
strömend warm
mein Sonnengeflecht
ist ein Eiskristall
der wächst
schon
durchbohrt er
die ersten Organe
gleich
wird er
das Herz
erreichen
da dringen
seine starren Spitzen
aus meiner Haut
mein Herz
schlägt
nicht mehr
ruhig
und
gleichmäßig

Zeitinseln
flow moments

wir sitzen am Tisch
trinken Tee und reden
in deiner Jacke
ist mir warm
wir haben es nicht bemerkt
wie die Luft sich verwirbelte
auf einmal ist sie da
die Zeitinsel
die Zeit verschiebt sich
dehnt sich
und schrumpft zugleich
die Schläge der Uhr
erreichen uns nicht mehr
der langsam heraufdämmernde Morgen
holt uns von unserer Insel
in die Wirklichkeit zurück
Realzeit
plötzlich ist der Tee kalt

frühjahrsbestellung

ich stehe
im garten
mit meinem spaten

ein tiefes loch
will ich graben
für meine sehnsucht
nach liebe
und zärtlichkeit

vorbei
die zeit
der hoffnung

in der erde
begraben
ruht sie nun

ich wälze
einen stein darauf
damit sie sich
nicht mehr regt

kein engel
wird
den stein
von diesem grab
wälzen

Clematis

schützend
birgst du
die Blüte
zwischen
deinen Blättern
kein Frost
soll sie treffen
ich
kann nicht
was du kannst
meine Blüten
sind
im Frost
erstarrt

Unterwegs

nachts
im Nebeltunnel
kein Mond
kein Stern
keine Landschaft
kein Ziel
Radiomusik
die die Stille
nicht übertönt
an den Mittelstreifen
geklammert
den Straßenrand
angstvoll im Blick
Streulicht
im Scheinwerferkegel
Schritttempo
wohin

Gute Nacht

im Dunkel liegend
die Augen geschlossen
warte ich
auf den Schlaf
doch statt seiner
erscheinen
die Gedanken
und tanzen Ringelreihn
als ich beginne
mit Schlaftabletten
nach ihnen
zu werfen
verschwinden sie
und lassen mich
traumlos röchelnd
ins Dunkel sinken

für M.

mondlose Finsternis

die Uhr
schlägt dumpf

eiskalte Einsamkeit

keine Hoffnung
auf morgen

in den Adern
geronnener Trübsinn

keine
Tränen

Worte
gehen verloren

Wärme
erreicht mich
nicht

ich treibe ab
haltet mich

doch meine Zunge
ist verdorrt

Pygmalion verkehrt herum

ich sage
nur ein
unbedachtes Wort
sofort
wirst du
zur Marmorstatue
kalt
hart
unbeweglich
mich friert
in deiner Gegenwart

Fassade

Rouge
auf bleiche Wangen

verweinte Augenlider
hinter Farbe
versteckt

dünnes
Lippenstiftlächeln

und keiner
ahnt
die Einsamkeit
hinter
der Fassade

mein Engel

mein Engel
saß
mit einem Begleiter
und
einer Flasche Bier
in der Hand
auf der Bahnhofstreppe
»Sie brauchen nicht
mehr weinen
junge Frau«
sagte sie zu mir
als ich mich
verwirrt
umdrehte
waren beide
spurlos
verschwunden

drei Wünsche frei

ich habe Angst
vorm Wünschen

manche Wünsche
erfüllen sich
auf erschreckende Weise

Fremder

wer bist du
fremder
dessen umarmung
mein herz
und mein körper
ersehnen

wer bist du
fremder
den ich
in meinem schoß spüre

wer bist du
fremder
der sich
in meine gedanken drängt

ich kenne
dich nicht
ich träume
dich nur

Entwicklung

so stark
wie ich ihn geliebt habe
so stark
habe ich ihn gehasst

jetzt
ist er
mir
gleichgültig

Herbst

Regen
fällt
sacht

Tränen
hinter
Glas

autumn

rain
rain
rain

behind the window's cross
tears

Flaschenpost

ich verstecke
meine Sehnsucht
in einer Flaschenpost,
die mit einer schwimmenden Insel

stromaufwärts treibt

message in a bottle

I hide my longing
in a bottle,
which goes with a swimming island

upstreams

Zwitschernde Morgendämmerung

niemand
der sie teilt

twittering dawn

nobody
for sharing

Neue Bekanntschaft

ich habe
mich
neu kennengelernt

ich bin nicht
stark

ich bin nicht
mutig

ich ertrage
viel weniger
als ich dachte

aber
ich habe
mich neu
kennengelernt

Tanz

du hast
mit Nagelstiefeln
auf meinem Herz
getanzt

nun zuckt es
im Schmerz

Amputation

du bist ein Teil von mir
und ich bin ein Teil von dir
zusammen sind wir
ein Ganzes
nun findet eine Amputation statt
bei vollem Bewusstsein
ich sehe
wie du das Messer führst
und Schnitt für Schnitt setzt
zuerst nur die Haut
dann die Muskeln
nun greifst Du
nach der Knochensäge
der Schmerz
ist unerträglich
doch ich
muss ihn verbergen

noch
wehrt sich
die Liebe
gegen
das Sterben

Haiku

Morgenröte, du
aus Dunkelheit geboren
verkündest den Tag

Haiku verkehrt

schon am Mittag Dunkelheit
klirrende Kälte
schneesturmgepeitschte Tage

United Kingdom

Freund auf der Insel
Trost, Halt und Geborgenheit
ich gedenke dein

Joana

Nachtblaue Katze
Einsamkeit in den Augen
Dunkelheit im Herz

Fahles Mondlicht
auf froststarren Weiden
Stille
kein Laut

mein leben liegt
in einsamen nächten
vor mir

Komm Schlaf!
Nimm mich mit
in die Nacht!

Wenn die Zärtlichkeit
zur Gewohnheit wird-
stirbt die Liebe

when tenderness becomes
a habit –
love is dying

Inhalt